Schwerbehinderten-Ausgleichsabgabeverordnung

(SchwbAV)

Impressum

© GROELSV – Verlag, Hans-Much-Weg 14, 20249 Hamburg, Telefon: 040/ 32030598; - Redaktion GROELSV

Wir sind bemüht, ein ansprechendes Produkt zu gestalten, dass vernünftigen Ansprüchen an das Preis.'Leistungsverhältnis gerecht wird. Buchbewertungen, z. B. über den Distributor Amazon sind ausdrücklich erwünscht. Konstruktive Anregungen nutzen wir gerne, um künftige Auflagen zu ergänzen und anzupassen.

1

Inhaltsverzeichnis

Schwerbehinderten-Ausgleichsabgabeverordnung (SchwbAV)

-

SchwbAV

Ausfertigungsdatum: 28.03.1988

"Schwerbehinderten-Ausgleichsabgabeverordnung vom 28. März 1988 (BGBl. I S. 484), die zuletzt durch Artikel 7 des Gesetzes vom 22. Dezember 2008 (BGBl. I S. 2959) geändert worden ist"

Stand: Zuletzt geändert durch Art. 7 G v. 22.12.2008 I 2959

Fußnote

(+++ Textnachweis ab: 8.4.1988 +++)

Überschrift: IdF d. Art. 57 Nr. 1 G v. 19.6.2001 I 1046 mWv 1.7.2001

Erster Abschnitt
(weggefallen)

-

§§ 1 bis 13 (weggefallen)

Zweiter Abschnitt

Förderung der Teilhabe schwerbehinderter Menschen am Arbeitsleben aus Mitteln der Ausgleichsabgabe durch die Integrationsämter

-

§ 14 Verwendungszwecke

(1) Die Integrationsämter haben die ihnen zur Verfügung stehenden Mittel der Ausgleichsabgabe einschließlich der Zinsen, der

3

Tilgungsbeträge aus Darlehen, der zurückgezahlten Zuschüsse sowie der unverbrauchten Mittel des Vorjahres zu verwenden für folgende Leistungen:

1.

    Leistungen zur Förderung des Arbeits- und Ausbildungsplatzangebots für schwerbehinderte Menschen,

2.

    Leistungen zur begleitenden Hilfe im Arbeitsleben, einschließlich der Durchführung von Aufklärungs-, Schulungs- und Bildungsmaßnahmen,

3.

    Leistungen für Einrichtungen zur Teilhabe schwerbehinderter Menschen am Arbeitsleben und

4.

    Leistungen zur Durchführung von Forschungs- und Modellvorhaben auf dem Gebiet der Teilhabe schwerbehinderter Menschen am Arbeitsleben, sofern ihnen ausschließlich oder überwiegend regionale Bedeutung zukommt oder beim Bundesministerium für Arbeit und Soziales beantragte Mittel aus dem Ausgleichsfonds nicht erbracht werden konnten.

(2) Die Mittel der Ausgleichsabgabe sind vorrangig für die Förderung nach Absatz 1 Nr. 1 und 2 zu verwenden.

(3) Die Integrationsämter können sich an der Förderung von Vorhaben nach § 41 Abs. 1 Nr. 3 bis 6 durch den Ausgleichsfonds beteiligen.

<u>1. Unterabschnitt</u>

4

<u>Leistungen zur Förderung des Arbeits- und Ausbildungsplatzangebots</u>

<u>für schwerbehinderte Menschen</u>

-

§ 15 Leistungen an Arbeitgeber zur Schaffung von Arbeits- und
Ausbildungsplätzen für schwerbehinderte Menschen

(1) Arbeitgeber können Darlehen oder Zuschüsse bis zur vollen Höhe
der entstehenden notwendigen Kosten zu den Aufwendungen für
folgende Maßnahmen erhalten:

1.

die Schaffung neuer geeigneter, erforderlichenfalls
behinderungsgerecht ausgestatteter Arbeitsplätze in Betrieben
oder Dienststellen für schwerbehinderte Menschen,

a)

die ohne Beschäftigungspflicht oder über die
Beschäftigungspflicht hinaus (§ 71 des Neunten Buches
Sozialgesetzbuch) eingestellt werden sollen,

b)

die im Rahmen der Erfüllung der besonderen
Beschäftigungspflicht gegenüber im Arbeits- und Berufsleben
besonders betroffenen schwerbehinderten Menschen (§ 71
Abs. 1 Satz 2 und § 72 des Neunten Buches
Sozialgesetzbuch) eingestellt werden sollen,

c)

die nach einer längerfristigen Arbeitslosigkeit von mehr als 12

Monaten eingestellt werden sollen,

d)

die im Anschluß an eine Beschäftigung in einer anerkannten Werkstatt für behinderte Menschen eingestellt werden sollen oder

e)

die zur Durchführung von Maßnahmen der besonderen Fürsorge und Förderung nach § 81 Abs. 3 Satz 1, Abs. 4 Satz 1 Nr. 1, 4 und 5 und Abs. 5 Satz 1 des Neunten Buches Sozialgesetzbuch auf einen neu zu schaffenden Arbeitsplatz umgesetzt werden sollen oder deren Beschäftigungsverhältnis ohne Umsetzung auf einen neu zu schaffenden Arbeitsplatz enden würde,

2.

die Schaffung neuer geeigneter, erforderlichenfalls behinderungsgerecht ausgestatteter Ausbildungsplätze und Plätze zur sonstigen beruflichen Bildung für schwerbehinderte Menschen, insbesondere zur Teilnahme an Leistungen zur Teilhabe am Arbeitsleben nach § 33 Abs. 3 Nr. 3 des Neunten Buches Sozialgesetzbuch, in Betrieben oder Dienststellen,

wenn gewährleistet wird, daß die geförderten Plätze für einen nach Lage des Einzelfalles zu bestimmenden langfristigen Zeitraum schwerbehinderten Menschen vorbehalten bleiben. Leistungen können auch zu den Aufwendungen erbracht werden, die durch die Ausbildung schwerbehinderter Menschen im Gebrauch der nach Satz 1 geförderten Gegenstände entstehen.

(2) Leistungen sollen nur erbracht werden, wenn sich der Arbeitgeber in einem angemessenen Verhältnis an den Gesamtkosten beteiligt. Sie können nur erbracht werden, soweit Mittel für denselben Zweck nicht von anderer Seite zu erbringen sind oder erbracht werden. Art und Höhe der Leistung bestimmen sich nach den Umständen des Einzelfalles. Darlehen sollen mit jährlich 10 vom Hundert getilgt werden; von der Tilgung kann im Jahr der Auszahlung und dem darauf folgenden Kalenderjahr abgesehen werden. Auch von der Verzinsung kann abgesehen werden.

(3) Die behinderungsgerechte Ausstattung von Arbeits- und Ausbildungsplätzen und die Einrichtung von Teilzeitarbeitsplätzen können, wenn Leistungen nach Absatz 1 nicht erbracht werden, nach den Vorschriften über die begleitende Hilfe im Arbeitsleben (§ 26) gefördert werden.

-

§ 16 Arbeitsmarktprogramme für schwerbehinderte Menschen

Die Integrationsämter können der Bundesagentur für Arbeit Mittel der Ausgleichsabgabe zur Durchführung befristeter regionaler Arbeitsmarktprogramme gemäß § 104 Abs. 3 des Neunten Buches Sozialgesetzbuch zuweisen.

2. Unterabschnitt
Leistungen zur begleitenden Hilfe im Arbeitsleben

-

7

§ 17 Leistungsarten

(1) Leistungen zur begleitenden Hilfe im Arbeitsleben können erbracht werden

1.

> an schwerbehinderte Menschen

> a)

>> für technische Arbeitshilfen (§ 19),

> b)

>> zum Erreichen des Arbeitsplatzes (§ 20),

> c)

>> zur Gründung und Erhaltung einer selbständigen beruflichen Existenz (§ 21),

> d)

>> zur Beschaffung, Ausstattung und Erhaltung einer behinderungsgerechten Wohnung (§ 22),

> e)

>> (weggefallen)

> f)

>> zur Teilnahme an Maßnahmen zur Erhaltung und Erweiterung beruflicher Kenntnisse und Fertigkeiten (§ 24) und

> g)

>> in besonderen Lebenslagen (§ 25),

2.

> an Arbeitgeber

> a)

zur behinderungsgerechten Einrichtung von Arbeits- und Ausbildungsplätzen für schwerbehinderte Menschen (§ 26),

b)

für Zuschüsse zu den Gebühren bei der Berufsausbildung besonders betroffener schwerbehinderter Jugendlicher und junger Erwachsener (§ 26a),

c)

für Prämien und Zuschüsse zu den Kosten der Berufsausbildung behinderter Jugendlicher und junger Erwachsener (§ 26 b),

d)

für Prämien zur Einführung eines betrieblichen Eingliederungsmanagements (§ 26c) und

e)

bei außergewöhnlichen Belastungen (§ 27),

3.

an Träger von Integrationsfachdiensten zu den Kosten ihrer Inanspruchnahme (§ 27a) einschließlich freier gemeinnütziger Einrichtungen und Organisationen zu den Kosten einer psychosozialen Betreuung schwerbehinderter Menschen (§ 28) sowie an Träger von Integrationsprojekten (§ 28a),

4.

zur Durchführung von Aufklärungs-, Schulungs- und Bildungsmaßnahmen (§ 29).

Daneben können solche Leistungen unter besonderen Umständen an Träger sonstiger Maßnahmen erbracht werden, die dazu dienen und geeignet sind, die Teilhabe schwerbehinderter Menschen am Arbeitsleben auf dem allgemeinen Arbeitsmarkt (Aufnahme, Ausübung oder Sicherung einer möglichst dauerhaften Beschäftigung) zu ermöglichen, zu erleichtern oder zu sichern.

(1a) Schwerbehinderte Menschen haben im Rahmen der Zuständigkeit des Integrationsamtes für die begleitende Hilfe im Arbeitsleben aus den ihm aus der Ausgleichsabgabe zur Verfügung stehenden Mitteln Anspruch auf Übernahme der Kosten einer notwendigen Arbeitsassistenz.

(1b) Schwerbehinderte Menschen haben im Rahmen der Zuständigkeit des Integrationsamtes aus den ihm aus der Ausgleichsabgabe zur Verfügung stehenden Mitteln Anspruch auf Übernahme der Kosten einer Berufsbegleitung nach § 38a Abs. 3 des Neunten Buches Sozialgesetzbuch.

(2) Andere als die in Absatz 1 bis 1b genannten Leistungen, die der Teilhabe schwerbehinderter Menschen am Arbeitsleben nicht oder nur mittelbar dienen, können nicht erbracht werden. Insbesondere können medizinische Maßnahmen sowie Urlaubs- und Freizeitmaßnahmen nicht gefördert werden.

-

§ 18 Leistungsvoraussetzungen

(1) Leistungen nach § 17 Abs. 1 bis 1b dürfen nur erbracht werden, soweit Leistungen für denselben Zweck nicht von einem Rehabilitationsträger, vom Arbeitgeber oder von anderer Seite zu erbringen sind oder, auch wenn auf sie ein Rechtsanspruch nicht

besteht, erbracht werden. Der Nachrang der Träger der Sozialhilfe gemäß § 2 des Zwölften Buches Sozialgesetzbuch und das Verbot der Aufstockung von Leistungen der Rehabilitationsträger durch Leistungen der Integrat onsämter (§ 102 Abs. 5 Satz 2 letzter Halbsatz des Neunten Buches Sozialgesetzbuch) und die Möglichkeit der Integrationsämter, Leistungen der begleitenden Hilfe im Arbeitsleben vorläufig zu erbringen (§ 102 Abs. 6 Satz 3 des Neunten Buches Sozialgesetzbuch), bleiben unberührt.

(2) Leistungen an schwerbehinderte Menschen zur begleitenden Hilfe im Arbeitsleben können erbracht werden,

1.

wenn die Teilhabe am Arbeitsleben auf dem allgemeinen Arbeitsmarkt unter Berücksichtigung von Art oder Schwere der Behinderung auf besondere Schwierigkeiten stößt und durch die Leistungen ermöglicht, erleichtert oder gesichert werden kann und

2.

wenn es dem schwerbehinderten Menschen wegen des behinderungsbedingten Bedarfs nicht zuzumuten ist, die erforderlichen Mittel selbst aufzubringen. In den übrigen Fällen sind seine Einkommensverhältnisse zu berücksichtigen.

(3) Die Leistungen können als einmalige oder laufende Leistungen erbracht werden. Laufende Leistungen können in der Regel nur befristet erbracht werden. Leistungen können wiederholt erbracht werden.

I.

Leistungen an schwerbehinderte Menschen

-

§ 19 Technische Arbeitshilfen

Für die Beschaffung technischer Arbeitshilfen, ihre Wartung, Instandsetzung und die Ausbildung des schwerbehinderten Menschen im Gebrauch können die Kosten bis zur vollen Höhe übernommen werden. Gleiches gilt für die Ersatzbeschaffung und die Beschaffung zur Anpassung an die technische Weiterentwicklung.

-

§ 20 Hilfen zum Erreichen des Arbeitsplatzes

Schwerbehinderte Menschen können Leistungen zum Erreichen des Arbeitsplatzes nach Maßgabe der Kraftfahrzeughilfe-Verordnung vom 28. September 1987 (BGBl. I S. 2251) erhalten.

-

§ 21 Hilfen zur Gründung und Erhaltung einer selbständigen beruflichen Existenz

(1) Schwerbehinderte Menschen können Darlehen oder Zinszuschüsse zur Gründung und zur Erhaltung einer selbständigen beruflichen Existenz erhalten, wenn

1.

sie die erforderlichen persönlichen und fachlichen

Voraussetzungen für die Ausübung der Tätigkeit erfüllen,

2.

sie ihren Lebensunterhalt durch die Tätigkeit voraussichtlich auf

Dauer im wesentlichen sicherstellen können und

3.

die Tätigkeit unter Berücksichtigung von Lage und Entwicklung

des Arbeitsmarkts zweckmäßig ist.

(2) Darlehen sollen mit jährlich 10 vom Hundert getilgt werden. Von der

Tilgung kann im Jahr der Auszahlung und dem darauffolgenden

Kalenderjahr abgesehen werden. Satz 2 gilt, wenn Darlehen

verzinslich gegeben werden, für die Verzinsung.

(3) Sonstige Leistungen zur Deckung von Kosten des laufenden

Betriebs können nicht erbracht werden.

(4) Die §§ 17 bis 20 und die §§ 22 bis § 27 sind zugunsten von

schwerbehinderten Menschen, die eine selbständige Tätigkeit ausüben

oder aufzunehmen beabsichtigen, entsprechend anzuwenden.

-

§ 22 Hilfen zur Beschaffung, Ausstattung und Erhaltung einer

behinderungsgerechten Wohnung

(1) Schwerbehinderte Menschen können Leistungen erhalten

1.

zur Beschaffung von behinderungsgerechtem Wohnraum im Sinne

des § 16 des Wohnraumförderungsgesetzes,

2.

zur Anpassung von Wohnraum und seiner Ausstattung an die besonderen behinderungsbedingten Bedürfnisse und

3.

zum Umzug in eine behinderungsgerechte oder erheblich verkehrsgünstiger zum Arbeitsplatz gelegene Wohnung.

(2) Leistungen können als Zuschüsse, Zinszuschüsse oder Darlehen erbracht werden. Höhe, Tilgung und Verzinsung bestimmen sich nach den Umständen des Einzelfalls.

(3) Leistungen von anderer Seite sind nur insoweit anzurechnen, als sie schwerbehinderten Menschen für denselben Zweck wegen der Behinderung zu erbringen sind oder erbracht werden.

-

§ 23

(weggefallen)

-

§ 24 Hilfen zur Teilnahme an Maßnahmen zur Erhaltung und Erweiterung beruflicher Kenntnisse und Fertigkeiten

Schwerbehinderte Menschen, die an inner- oder außerbetrieblichen Maßnahmen der beruflichen Bildung zur Erhaltung und Erweiterung ihrer beruflichen Kenntnisse und Fertigkeiten oder zur Anpassung an die technische Entwicklung teilnehmen, vor allem an besonderen Fortbildungs- und Anpassungsmaßnahmen, die nach Art, Umfang und Dauer den Bedürfnissen dieser schwerbehinderten Menschen entsprechen, können Zuschüsse bis zur Höhe der ihnen durch die Teilnahme an diesen Maßnahmen entstehenden Aufwendungen erhalten. Hilfen können auch zum beruflichen Aufstieg erbracht werden.

-

§ 25 Hilfen in besonderen Lebenslagen

Andere Leistungen zur begleitenden Hilfe im Arbeitsleben als die in den §§ 19 bis 24 geregelten Leistungen können an schwerbehinderte Menschen erbracht werden, wenn und soweit sie unter Berücksichtigung von Art oder Schwere der Behinderung erforderlich sind, um die Teilhabe am Arbeitsleben auf dem allgemeinen Arbeitsmarkt zu ermöglichen, zu erleichtern oder zu sichern.

II.

Leistungen an Arbeitgeber

-

§ 26 Leistungen zur behinderungsgerechten Einrichtung von Arbeits- und Ausbildungsplätzen für schwerbehinderte Menschen

(1) Arbeitgeber können Darlehen oder Zuschüsse bis zur vollen Höhe der entstehenden notwendigen Kosten für folgende Maßnahmen erhalten:

1.

die behinderungsgerechte Einrichtung und Unterhaltung der

Arbeitsstätten einschließlich der Betriebsanlagen, Maschinen und Geräte,

2.

die Einrichtung von Teilzeitarbeitsplätzen für schwerbehinderte Menschen, insbesondere wenn eine Teilzeitbeschäftigung mit einer Dauer auch von weniger als 18 Stunden, wenigstens aber 15 Stunden, wöchentlich wegen Art oder Schwere der Behinderung notwendig ist,

3.

die Ausstattung von Arbeits- oder Ausbildungsplätzen mit notwendigen technischen Arbeitshilfen, deren Wartung und Instandsetzung sowie die Ausbildung des schwerbehinderten Menschen im Gebrauch der nach den Nummern 1 bis 3 geförderten Gegenstände,

4.

sonstige Maßnahmen, durch die eine möglichst dauerhafte behinderungsgerechte Beschäftigung schwerbehinderter Menschen in Betrieben oder Dienststellen ermöglicht, erleichtert oder gesichert werden kann.

Gleiches gilt für Ersatzbeschaffungen oder Beschaffungen zur Anpassung an die technische Weiterentwicklung.

(2) Art und Höhe der Leistung bestimmen sich nach den Umständen des Einzelfalls, insbesondere unter Berücksichtigung, ob eine Verpflichtung des Arbeitgebers zur Durchführung von Maßnahmen nach Absatz 1 gemäß § 81 Abs. 3 Satz 1, Abs. 4 Satz 1 Nr. 4 und 5 und Abs. 5 Satz 1 des Neunten Buches Sozialgesetzbuch besteht und

erfüllt wird sowie ob schwerbehinderte Menschen ohne Beschäftigungspflicht oder über die Beschäftigungspflicht hinaus (§ 71 des Neunten Buches Sozialgesetzbuch) oder im Rahmen der Erfüllung der besonderen Beschäftigungspflicht gegenüber bei der Teilhabe am Arbeitsleben besonders betroffenen schwerbehinderten Menschen (§ 71 Abs. 1 Satz 2 und § 72 des Neunten Buches Sozialgesetzbuch) beschäftigt werden.

(3) § 15 Abs. 2 Satz 1 und 2 gilt entsprechend.

-

§ 26a Zuschüsse zu den Gebühren bei der Berufsausbildung besonders betroffener schwerbehinderter Jugendlicher und junger Erwachsener

Arbeitgeber, die ohne Beschäftigungspflicht (§ 71 Abs. 1 des Neunten Buches Sozialgesetzbuch) besonders betroffene schwerbehinderte Menschen zur Berufsausbildung einstellen, können Zuschüsse zu den Gebühren, insbesondere Prüfungsgebühren bei der Berufsausbildung, erhalten.

-

§ 26b Prämien und Zuschüsse zu den Kosten der Berufsausbildung behinderter Jugendlicher und junger Erwachsener

Arbeitgeber können Prämien und Zuschüsse zu den Kosten der Berufsausbildung behinderter Jugendlicher und junger Erwachsener erhalten, die für die Zeit der Berufsausbildung schwerbehinderten

Menschen nach § 68 Abs. 4 gleichgestellt sind.

-

§ 26c Prämien zur Einführung eines betrieblichen Eingliederungsmanagements

Arbeitgeber können zur Einführung eines betrieblichen Eingliederungsmanagements Prämien erhalten.

-

§ 27 Leistungen bei außergewöhnlichen Belastungen

(1) Arbeitgeber können Zuschüsse zur Abgeltung außergewöhnlicher Belastungen erhalten, die mit der Beschäftigung eines schwerbehinderten Menschen verbunden sind, der nach Art oder Schwere seiner Behinderung im Arbeits- und Berufsleben besonders betroffen ist (§ 72 Abs. 1 Nr. 1 Buchstabe a bis d des Neunten Buches Sozialgesetzbuch) oder im Anschluss an eine Beschäftigung in einer anerkannten Werkstatt für behinderte Menschen oder in Teilzeit (§ 75 Abs. 2 des Neunten Buches Sozialgesetzbuch) beschäftigt wird, vor allem, wenn ohne diese Leistungen das Beschäftigungsverhältnis gefährdet würde. Leistungen nach Satz 1 können auch in Probebeschäftigungen und Praktika erbracht werden, die ein in einer Werkstatt für behinderte Menschen beschäftigter schwerbehinderter Mensch im Rahmen von Maßnahmen zur Förderung des Übergangs auf den allgemeinen Arbeitsmarkt (§ 5 Abs. 4 der Werkstättenverordnung) absolviert, wenn die dem Arbeitgeber

entstehenden außergewöhnlichen Belastungen nicht durch die in dieser Zeit erbrachten Leistungen der Rehabilitationsträger abgedeckt werden.

(2) Außergewöhnliche Belastungen sind überdurchschnittlich hohe finanzielle Aufwendungen oder sonstige Belastungen, die einem Arbeitgeber be der Beschäftigung eines schwerbehinderten Menschen auch nach Ausschöpfung aller Möglichkeiten entstehen und für die die Kosten zu tragen für den Arbeitgeber nach Art oder Höhe unzumutbar ist.

(3) Für die Zuschüsse zu notwendigen Kosten nach Absatz 2 gilt § 26 Abs. 2 entsprechend.

(4) Die Dauer des Zuschusses bestimmt sich nach den Umständen des Einzelfalls.

III.

Sonstige Leistungen

-

§ 27a Leistungen an Integrationsfachdienste

Träger von Integrationsfachdiensten im Sinne des Kapitels 7 des Teils 2 des Neunten Buches Sozialgesetzbuch können Leistungen nach § 113 des Neunten Buches Sozialgesetzbuch zu den durch ihre Inanspruchnahme entstehenden notwendigen Kosten erhalten.

-

19

§ 28 Leistungen zur Durchführung der psychosozialen Betreuung

schwerbehinderter Menschen

(1) Freie gemeinnützige Träger psychosozialer Dienste, die das Integrationsamt an der Durchführung der ihr obliegenden Aufgabe der im Einzelfall erforderlichen psychosozialen Betreuung schwerbehinderter Menschen unter Fortbestand ihrer Verantwortlichkeit beteiligt, können Leistungen zu den daraus entstehenden notwendigen Kosten erhalten.

(2) Leistungen nach Absatz 1 setzen voraus, daß

1.

der psychosoziale Dienst nach seiner personellen, räumlichen und sächlichen Ausstattung zur Durchführung von Maßnahmen der psychosozialen Betreuung geeignet ist, insbesondere mit Fachkräften ausgestattet ist, die über eine geeignete Berufsqualifikation, eine psychosoziale Zusatzqualifikation und ausreichende Berufserfahrung verfügen, und

2.

die Maßnahmen

a)

nach Art, Umfang und Dauer auf die Aufnahme, Ausübung oder Sicherung einer möglichst dauerhaften Beschäftigung schwerbehinderter Menschen auf dem allgemeinen Arbeitsmarkt ausgerichtet und dafür geeignet sind,

b)

nach den Grundsätzen der Wirtschaftlichkeit und Sparsamkeit

durchgeführt werden, insbesondere die Kosten angemessen sind, und

c)

aufgrund einer Vereinbarung zwischen dem Integrationsamt und dem Träger des psychosozialen Dienstes durchgeführt werden.

Leistungen können gleichermaßen für Maßnahmen für schwerbehinderte Menschen erbracht werden, die diesen Dienst unter bestimmten, in der Vereinbarung näher zu regelnden Voraussetzungen im Einvernehmen mit dem Integrationsamt unmittelbar in Anspruch nehmen.

(3) Leistungen sollen in der Regel bis zur vollen Höhe der notwendigen Kosten erbracht werden, die aus der Beteiligung an den im Einzelfall erforderlichen Maßnahmen entstehen. Das Nähere über die Höhe der zu übernehmenden Kosten, ihre Erfassung, Darstellung und Abrechnung bestimmt sich nach der Vereinbarung zwischen dem Integrationsamt und dem Träger des psychosozialen Dienstes gemäß Absatz 2 Satz 1 Nr. 2 Buchstabe c.

-

§ 28a Leistungen an Integrationsprojekte

Integrationsprojekte im Sinne des Kapitels 11 des Teils 2 des Neunten Buches Sozialgesetzbuch, können Leistungen für Aufbau, Erweiterung, Modernisierung und Ausstattung einschließlich einer betriebswirtschaftlichen Beratung und besonderen Aufwand erhalten.

-

§ 29 Leistungen zur Durchführung von Aufklärungs-, Schulungs- und Bildungsmaßnahmen

(1) Die Durchführung von Schulungs- und Bildungsmaßnahmen für Vertrauenspersonen schwerbehinderter Menschen, Beauftragte der Arbeitgeber, Betriebs-, Personal-, Richter-, Staatsanwalts- und Präsidialräte sowie die Mitglieder der Stufenvertretungen wird gefördert, wenn es sich um Veranstaltungen der Integrationsämter im Sinne des § 102 Abs. 2 Satz 6 des Neunten Buches Sozialgesetzbuch handelt. Die Durchführung von Maßnahmen im Sinne des Satzes 1 durch andere Träger kann gefördert werden, wenn die Maßnahmen erforderlich und die Integrationsämter an ihrer inhaltlichen Gestaltung maßgeblich beteiligt sind.

(2) Aufklärungsmaßnahmen sowie Schulungs- und Bildungsmaßnahmen für andere als in Absatz 1 genannte Personen, die die Teilhabe schwerbehinderter Menschen am Arbeitsleben zum Gegenstand haben, können gefördert werden. Dies gilt auch für die Qualifizierung des nach § 102 Abs. 1 des Neunten Buches Sozialgesetzbuch einzusetzenden Personals sowie für notwendige Informationsschriften und -veranstaltungen über Rechte, Pflichten, Leistungen und sonstige Eingliederungshilfen sowie Nachteilsausgleiche nach dem Neunten Buch Sozialgesetzbuch und anderen Vorschriften.

3. Unterabschnitt
Leistungen für Einrichtungen zur Teilhabe schwerbehinderter Menschen am Arbeitsleben

§ 30 Förderungsfähige Einrichtungen

(1) Leistungen können für die Schaffung, Erweiterung, Ausstattung und Modernisierung folgender Einrichtungen erbracht werden:

1.

    betriebliche, überbetriebliche und außerbetriebliche Einrichtungen zur Vorbereitung von behinderten Menschen auf eine berufliche Bildung oder die Teilhabe am Arbeitsleben,

2.

    betriebliche, überbetriebliche und außerbetriebliche Einrichtungen zur beruflichen Bildung behinderter Menschen,

3.

    Einrichtungen, soweit sie während der Durchführung von Leistungen zur medizinischen Rehabilitation behinderte Menschen auf eine berufliche Bildung oder die Teilhabe am Arbeitsleben vorbereiten,

4.

    Werkstätten für behinderte Menschen im Sinne des § 136 des Neunten Buches Sozialgesetzbuch,

5.

    Blindenwerkstätten mit einer Anerkennung auf Grund des Blindenwarenvertriebsgesetzes vom 9. April 1965 (BGBl. I S. 311) in der bis zum 13. September 2007 geltenden Fassung,

6.

Wohnstätten für behinderte Menschen, die auf dem allgemeinen Arbeitsmarkt, in Werkstätten für behinderte Menschen oder in Blindenwerkstätten tätig sind.

7.

(weggefallen)

Zur länderübergreifenden Bedarfsbeurteilung wird das Bundesministerium für Arbeit und Soziales bei der Planung neuer oder Erweiterung bestehender Einrichtungen nach Satz 1 Nr. 4 bis 6 beteiligt.

(2) Öffentliche oder gemeinnützige Träger eines besonderen Beförderungsdienstes für behinderte Menschen können Leistungen zur Beschaffung und behinderungsgerechten Ausstattung von Kraftfahrzeugen erhalten. Die Höhe der Leistung bestimmt sich nach dem Umfang, in dem der besondere Beförderungsdienst für Fahrten schwerbehinderter Menschen von und zur Arbeitsstätte benutzt wird.

(3) Leistungen zur Deckung von Kosten des laufenden Betriebs dürfen nur ausnahmsweise erbracht werden, wenn hierdurch der Verlust bestehender Beschäftigungsmöglichkeiten für behinderte Menschen abgewendet werden kann. Für Einrichtungen nach Absatz 1 Nr. 4 bis 6 sind auch Leistungen zur Deckung eines Miet- oder Pachtzinses zulässig.

-

§ 31 Förderungsvoraussetzungen

(1) Die Einrichtungen im Sinne des § 30 Abs. 1 können gefördert werden, wenn sie

1.

ausschließlich oder überwiegend behinderte Menschen aufnehmen, die Leistungen eines Rehabilitationsträgers in Anspruch nehmen,

2.

behinderten Menschen unabhängig von der Ursache der Behinderung und unabhängig von der Mitgl edschaft in der Organisat on des Trägers der Einrichtung offenstehen und

3.

nach ihrer personellen, räumlichen und sächlichen Ausstattung die Gewähr dafür bieten, daß die Rehabilitationsmaßnahmen nach zeitgemäßen Erkenntnissen durchgeführt werden und einer dauerhaften Teilhabe am Arbeitsleben dienen.

(2) Darüber hinaus setzt die Förderung voraus bei

1.

Einrichtungen im Sinne des § 30 Abs. 1 Nr. 1:
Die in diesen Einrichtungen durchzuführenden Maßnahmen sollen den individuellen Belangen der behinderten Menschen Rechnung tragen und sowoh eine werkspraktische wie fachtheoretische Unterweisung umfassen. Eine begleitende Betreuung entsprechend den Bedürfnissen der behinderten Menschen muß sichergestellt sein. Maßnahmen zur Vorbereitung auf eine berufliche Bildung sollen sich auf mehrere Berufsfelder erstrecken und Aufschluß über Neigung und Eignung der behinderten Menschen geben.

2.

25

Einrichtungen im Sinne des § 30 Abs. 1 Nr. 2:

a)

Die Eignungsvoraussetzungen nach den §§ 27 bis 30 des
Berufsbildungsgesetzes oder nach den §§ 21 bis 22b der
Handwerksordnung zur Ausbildung in anerkannten
Ausbildungsberufen müssen erfüllt sein. Dies gilt auch für
Ausbildungsgänge, die nach § 66 des
Berufsbildungsgesetzes oder nach § 42m der
Handwerksordnung durchgeführt werden.

b)

Außer- oder überbetriebliche Einrichtungen sollen unter
Einbeziehung von Plätzen für berufsvorbereitende
Maßnahmen über in der Regel mindestens 200 Plätze für die
berufliche Bildung in mehreren Berufsfeldern verfügen. Sie
müssen in der Lage sein, behinderte Menschen mit
besonderer Art oder Schwere der Behinderung beruflich zu
bilden. Sie müssen über die erforderliche Zahl von Ausbildern
und die personellen und sächlichen Voraussetzungen für eine
begleitende ärztliche, psychologische und soziale Betreuung
entsprechend den Bedürfnissen der behinderten Menschen
verfügen. Bei Unterbringung im Internat muß die
behinderungsgerechte Betreuung sichergestellt sein. Die
Einrichtungen sind zur vertrauensvollen Zusammenarbeit
insbesondere untereinander und mit den für die Rehabilitation
zuständigen Behörden verpflichtet.

3.

Einrichtungen im Sinne des § 30 Abs. 1 Nr. 3:

Die in diesen Einrichtungen in einem ineinandergreifenden Verfahren durchzuführenden Leistungen zur medizinischen Rehabilitation und zur Teilhabe am Arbeitsleben müssen entsprechend den individuellen Gegebenheiten so ausgerichtet sein, daß nach Abschluß dieser Maßnahmen ein möglichst nahtloser Übergang in eine berufliche Bildungsmaßnahme oder in das Arbeitsleben gewährleistet ist. Für die Durchführung der Maßnahmen müssen besondere Fachdienste zur Verfügung stehen.

4.

Werkstätten für behinderte Menschen im Sinne des § 30 Abs. 1 Nr. 4:

Sie müssen gemäß § 142 des Neunten Buches Sozialgesetzbuch anerkannt sein oder voraussichtlich anerkannt werden.

5.

Blindenwerkstätten im Sinne des § 30 Abs. 1 Nr. 5:

Sie müssen auf Grund des Blindenwarenvertriebsgesetzes anerkannt sein.

6.

Wohnstätten im Sinne des § 30 Abs. 1 Nr. 6:

Sie müssen hinsichtlich ihrer baulichen Gestaltung, Wohnflächenbemessung und Ausstattung den besonderen Bedürfnissen der behinderten Menschen entsprechen. Die Aufnahme auch von behinderten Menschen, die nicht im Arbeitsleben stehen, schließt eine Förderung entsprechend dem

Anteil der im Arbeitsleben stehenden schwerbehinderten Menschen nicht aus. Der Verbleib von schwerbehinderten Menschen, die nicht mehr im Arbeitsleben stehen, insbesondere von schwerbehinderten Menschen nach dem Ausscheiden aus einer Werkstatt für behinderte Menschen, beeinträchtigt nicht die zweckentsprechende Verwendung der eingesetzten Mittel.

7.

(weggefallen)

-

§ 32 Förderungsgrundsätze

(1) Leistungen sollen nur erbracht werden, wenn sich der Träger der Einrichtung in einem angemessenen Verhältnis an den Gesamtkosten beteiligt und alle anderen Finanzierungsmöglichkeiten aus Mitteln der öffentlichen Hände und aus privaten Mitteln in zumutbarer Weise in Anspruch genommen worden sind.

(2) Leistungen dürfen nur erbracht werden, soweit Leistungen für denselben Zweck nicht von anderer Seite zu erbringen sind oder erbracht werden. Werden Einrichtungen aus Haushaltsmitteln des Bundes oder anderer öffentlicher Hände gefördert, ist eine Förderung aus Mitteln der Ausgleichsabgabe nur zulässig, wenn der Förderungszweck sonst nicht erreicht werden kann.

(3) Leistungen können nur erbracht werden, wenn ein Bedarf an entsprechenden Einrichtungen festgestellt und die Deckung der Kosten des laufenden Betriebs gesichert ist.

(4) Eine Nachfinanzierung aus Mitteln der Ausgleichsabgabe ist nur

zulässig, wenn eine Förderung durch die gleiche Stelle vorangegangen ist.

—

§ 33 Art und Höhe der Leistungen

(1) Leistungen können als Zuschüsse oder Darlehen erbracht werden. Zuschüsse sind auch Zinszuschüsse zur Verbilligung von Fremdmitteln.

(2) Art und Höhe der Leistung bestimmen sich nach den Umständen des Einzelfalls, insbesondere nach dem Anteil der schwerbehinderten Menschen an der Gesamtzahl des aufzunehmenden Personenkreises, nach der wirtschaftlichen Situation der Einrichtung und ihres Trägers sowie nach Bedeutung und Dringlichkeit der beabsichtigten Rehabilitationsmaßnahmen.

—

§ 34 Tilgung und Verzinsung von Darlehen

(1) Darlehen nach § 33 sollen jährlich mit 2 vom Hundert getilgt und mit 2 vom Hundert verzinst werden; bei Ausstattungsinvestitionen beträgt die Tilgung 10 vom Hundert. Die durch die fortschreitende Tilgung ersparten Zinsen wachsen den Tilgungsbeträgen zu.

(2) Von der Tilgung und Verzinsung von Darlehen kann bis zum Ablauf von zwei Jahren nach Inbetriebnahme abgesehen werden.

Dritter Abschnitt
Ausgleichsfonds

1. Unterabschnitt
Gestaltung des Ausgleichsfonds

-

§ 35 Rechtsform

Der Ausgleichsfonds für überregionale Vorhaben zur Teilhabe schwerbehinderter Menschen am Arbeitsleben (Ausgleichsfonds) ist ein nicht rechtsfähiges Sondervermögen des Bundes mit eigener Wirtschafts- und Rechnungsführung. Er ist von den übrigen Vermögen des Bundes, seinen Rechten und Verbindlichkeiten getrennt zu halten. Für Verbindlichkeiten, die das Bundesministerium für Arbeit und Soziales als Verwalter des Ausgleichsfonds eingeht, haftet nur der Ausgleichsfonds; der Ausgleichsfonds haftet nicht für die sonstigen Verbindlichkeiten des Bundes.

-

§ 36 Weiterleitung der Mittel an den Ausgleichsfonds

Die Integrationsämter leiten zum 30. Juni eines jeden Jahres 20 vom Hundert des im Zeitraum vom 1. Juni des vorangegangenen Jahres bis zum 31. Mai des Jahres eingegangenen Aufkommens an Ausgleichsabgabe an den Ausgleichsfonds weiter. Sie teilen dem Bundesministerium für Arbeit und Soziales zum 30. Juni eines jeden Jahres das Aufkommen an Ausgleichsabgabe für das vorangegangene Kalenderjahr auf der Grundlage des bis zum 31. Mai des Jahres tatsächlich an die Integrationsämter gezahlten Aufkommens mit. Sie teilen zum 31. Januar eines jeden Jahres das Aufkommen an Ausgleichsabgabe für das vorvergangene Kalenderjahr dem Bundesministerium für Arbeit und Soziales mit.

-

§ 37 Anwendung der Vorschriften der Bundeshaushaltsordnung

Für den Ausgleichsfonds gelten die Bundeshaushaltsordnung sowie die zu ihrer Ergänzung und Durchführung erlassenen Vorschriften entsprechend, soweit die Vorschriften dieser Verordnung nichts anderes bestimmen.

-

§ 38 Aufstellung eines Wirtschaftsplans

(1) Für jedes Kalenderjahr (Wirtschaftsjahr) ist ein Wirtschaftsplan aufzustellen.

(2) Der Wirtschaftsplan enthält alle im Wirtschaftsjahr

1.

  zu erwartenden Einnahmen

2.

  voraussichtlich zu leistenden Ausgaben und

3.

  voraussichtlich benötigten Verpflichtungsermächtigungen.

Zinsen, Tilgungsbeträge aus Darlehen, zurückgezahlte Zuschüsse sowie unverbrauchte Mittel des Vorjahres fließen dem Ausgleichsfonds als Einnahmen zu.

(3) Der Wirtschaftsplan ist in Einnahmen und Ausgaben auszugleichen.

(4) Die Ausgaben sind gegenseitig deckungsfähig.

(5) Die Ausgaben sind übertragbar.

-

§ 39 Feststellung des Wirtschaftsplans

Das Bundesministerium für Arbeit und Soziales stellt im Benehmen mit dem Bundesministerium der Finanzen und im Einvernehmen mit dem Beirat für die Teilhabe behinderter Menschen (Beirat) den Wirtschaftsplan fest. § 1 der Bundeshaushaltsordnung findet keine Anwendung.

-

§ 40 Ausführung des Wirtschaftsplans

(1) Bei der Vergabe der Mittel des Ausgleichsfonds sind die jeweils gültigen Allgemeinen Nebenbestimmungen für Zuwendungen des Bundes zugrunde zu legen. Von ihnen kann im Einvernehmen mit dem Bundesministerium der Finanzen abgewichen werden.

(2) Verpflichtungen, die in Folgejahren zu Ausgaben führen, dürfen nur eingegangen werden, wenn die Finanzierung der Ausgaben durch das Aufkommen an Ausgleichsabgabe gesichert ist.

(3) Überschreitungen der Ausgabeansätze sind nur zulässig, wenn

1.

hierfür ein unvorhergesehenes und unabweisbares Bedürfnis besteht und

2.

entsprechende Einnahmeerhöhungen vorliegen.

Außerplanmäßige Ausgaben sind nur zulässig, wenn

1.

hierfür ein unvorhergesehenes und unabweisbares Bedürfnis

besteht und

2.

Beträge in gleicher Höhe bei anderen Ausgabeansätzen

eingespart werden oder entsprechende Einnahmeerhöhungen

vorliegen.

Die Entscheidung hierüber trifft das Bundesministerium für Arbeit und

Soziales im Benehmen mit dem Bundesministerium der Finanzen und

im Einvernehmen mit dem Beirat.

(4) Bis zur bestimmungsmäßigen Verwendung sind die Ausgabemittel

verzinslich anzulegen.

2. Unterabschnitt

Förderung der Teilhabe schwerbehinderter Menschen am Arbeitsleben

aus Mitteln des Ausgleichsfonds

-

§ 41 Verwendungszwecke

(1) Die Mittel aus dem Ausgleichsfonds sind zu verwenden für

1.

Zuweisungen an die Bundesagentur für Arbeit zur besonderen

Förderung der Teilhabe schwerbehinderter Menschen am
Arbeitsleben, insbesondere durch Eingliederungszuschüsse und
Zuschüsse zur Ausbildungsvergütung nach dem Dritten Buch
Sozialgesetzbuch, und zwar ab 2009 jährlich in Höhe von 16 vom
Hundert des Aufkommens an Ausgleichsabgabe,

2.

befristete überregionale Programme zum Abbau der
Arbeitslosigkeit schwerbehinderter Menschen, besonderer
Gruppen von schwerbehinderten Menschen (§ 72 des Neunten
Buches Sozialgesetzbuch) oder schwerbehinderter Frauen sowie
zur Förderung des Ausbildungsplatzangebots für
schwerbehinderte Menschen,

3.

Einrichtungen nach § 30 Abs. 1 Nr. 1 bis 3, soweit sie den
Interessen mehrerer Länder dienen; Einrichtungen dienen den
Interessen mehrerer Länder auch dann, wenn sie Bestandteil
eines abgestimmten Plans sind, der ein länderübergreifendes Netz
derartiger Einrichtungen zum Gegenstand hat,

4.

überregionale Modellvorhaben zur Weiterentwicklung der
Förderung der Teilhabe schwerbehinderter Menschen am
Arbeitsleben, insbesondere durch betriebliches
Eingliederungsmanagement, und der Förderung der Ausbildung
schwerbehinderter Jugendlicher,

5.

die Entwicklung technischer Arbeitshilfen und

6.

Aufklärungs-, Fortbildungs- und Forschungsmaßnahmen auf dem Gebiet der Teilhabe schwerbehinderter Menschen am Arbeitsleben, sofern diesen Maßnahmen überregionale Bedeutung zukommt.

(2) Die Mittel des Ausgleichsfonds sind vorrangig für die Eingliederung schwerbehinderter Menschen in den allgemeinen Arbeitsmarkt zu verwenden.

(3) Der Ausgleichsfonds kann sich an der Förderung von Forschungs- und Modellvorhaben durch die Integrationsämter nach § 14 Abs. 1 Nr. 4 beteiligen, sofern diese Vorhaben auch für andere Länder oder den Bund von Bedeutung sein können.

(4) Die §§ 31 bis 34 gelten entsprechend.

3. Unterabschnitt
Verfahren zur Vergabe der Mittel des Ausgleichsfonds

-

§ 42 Anmeldeverfahren und Anträge

Leistungen aus dem Ausgleichsfonds sind vom Träger der Maßnahme schriftlich beim Bundesministerium für Arbeit und Soziales zu beantragen, in den Fällen des § 41 Abs. 1 Nr. 3 nach vorheriger Abstimmung mit dem Land, in dem der Integrationsbetrieb oder die Integrationsabteilung oder die Einrichtung ihren Sitz hat oder haben soll. Das Bundesministerium für Arbeit und Soziales leitet die Anträge mit seiner Stellungnahme dem Beirat zu.

§ 43 Vorschlagsrecht des Beirats

(1) Der Beirat nimmt zu den Anträgen Stellung. Die Stellungnahme hat einen Vorschlag zu enthalten, ob, in welcher Art und Höhe sowie unter welchen Bedingungen und Auflagen Mittel des Ausgleichsfonds vergeben werden sollen.

(2) Der Beirat kann unabhängig vom Vorliegen oder in Abwandlung eines schriftlichen Antrags Vorhaben zur Förderung vorschlagen.

§ 44 Entscheidung

(1) Das Bundesministerium für Arbeit und Soziales entscheidet über die Anträge aufgrund der Vorschläge des Beirats durch schriftlichen Bescheid.

(2) Der Beirat ist über die getroffene Entscheidung zu unterrichten.

§ 45 Vorhaben des Bundesministeriums für Arbeit und Soziales

Für Vorhaben des Bundesministeriums für Arbeit und Soziales, die dem Beirat zur Stellungnahme zuzuleiten sind, gelten die §§ 43 und 44 entsprechend.

Vierter Abschnitt

Schlußvorschriften

§ 46 Übergangsregelungen

(1) Abweichend von § 36 leiten die Integrationsämter

1.

zum 30. Juni 2005 30 vom Hundert des im Zeitraum vom 1.

Januar 2005 bis zum 31. Mai 2005 eingegangenen

Ausgleichsabgabeaufkommens und 45 vom Hundert des

Ausgleichsabgabeaufkommens für das Kalenderjahr 2003 an den

Ausgleichsfonds weiter; dabei werden die nach § 36 Abs. 2 in der

bis zum 31. Dezember 2004 geltenden Fassung geleisteten

Abschlagszahlungen berücksichtigt,

2.

bis zum Ablauf des Jahres, in dem die Förderung durch

Investitionskostenzuschüsse der vom Beirat für die Teilhabe

behinderter Menschen vorgeschlagenen und von den Ländern bis

zum 30. Juni 2006 bewilligten Projekte für Werk- und Wohnstätten

für behinderte Menschen sowie Blindenwerkstätten durch den

Ausgleichsfonds endet, im Jahr 2005 zusätzlich zu Nummer 1 und

ab dem Jahr 2006 zusätzlich bis zu 4 vom Hundert des

Ausgleichsabgabeaufkommens an den Ausgleichsfonds weiter,

verringert um den Betrag, den die Träger der Integrationsämter in

Abstimmung mit dem Bundesministerium für Arbeit und Soziales

für die Förderung der genannten Projekte bewilligen.

(2) Abweichend von § 41 werden

1.

im Jahr 2004 Zuweisungen an die Bundesagentur für Arbeit für die Förderung von Integrationsfachdiensten vorgenommen und

2.

mindestens die nach Absatz 1 Nr. 2 an den Ausgleichsfonds weitergeleiteten Mittel für die Förderung von Einrichtungen nach § 30 Abs. 1 Satz 1 Nr. 4 bis 6 verwendet.

(3) Abweichend von § 41 können Mittel des Ausgleichsfonds verwendet werden zur Förderung von Integrationsbetrieben und -abteilungen nach dem Kapitel 11 des Teils 2 des Neunten Buches Sozialgesetzbuch, die nicht von öffentlichen Arbeitgebern im Sinne des § 71 Abs. 3 des Neunten Buches Sozialgesetzbuch geführt werden, soweit die Förderung bis zum 31. Dezember 2003 bewilligt worden ist, sowie für die Förderung von Einrichtungen nach § 30 Abs. 1 Satz 1 Nr. 4 bis 6, soweit Leistungen als Zinszuschüsse oder Zuschüsse zur Deckung eines Miet- oder Pachtzinses für bis zum 31. Dezember 2004 bewilligte Projekte erbracht werden.

-

§ 47 Inkrafttreten, Außerkrafttreten

Diese Verordnung tritt am Tage nach der Verkündung in Kraft.

www.ingramcontent.com/pod-product-compliance
Lightning Source LLC
Chambersburg PA
CBHW070743180526
45168CB00004B/1515